AF501333

G

NUHm - 2008

638

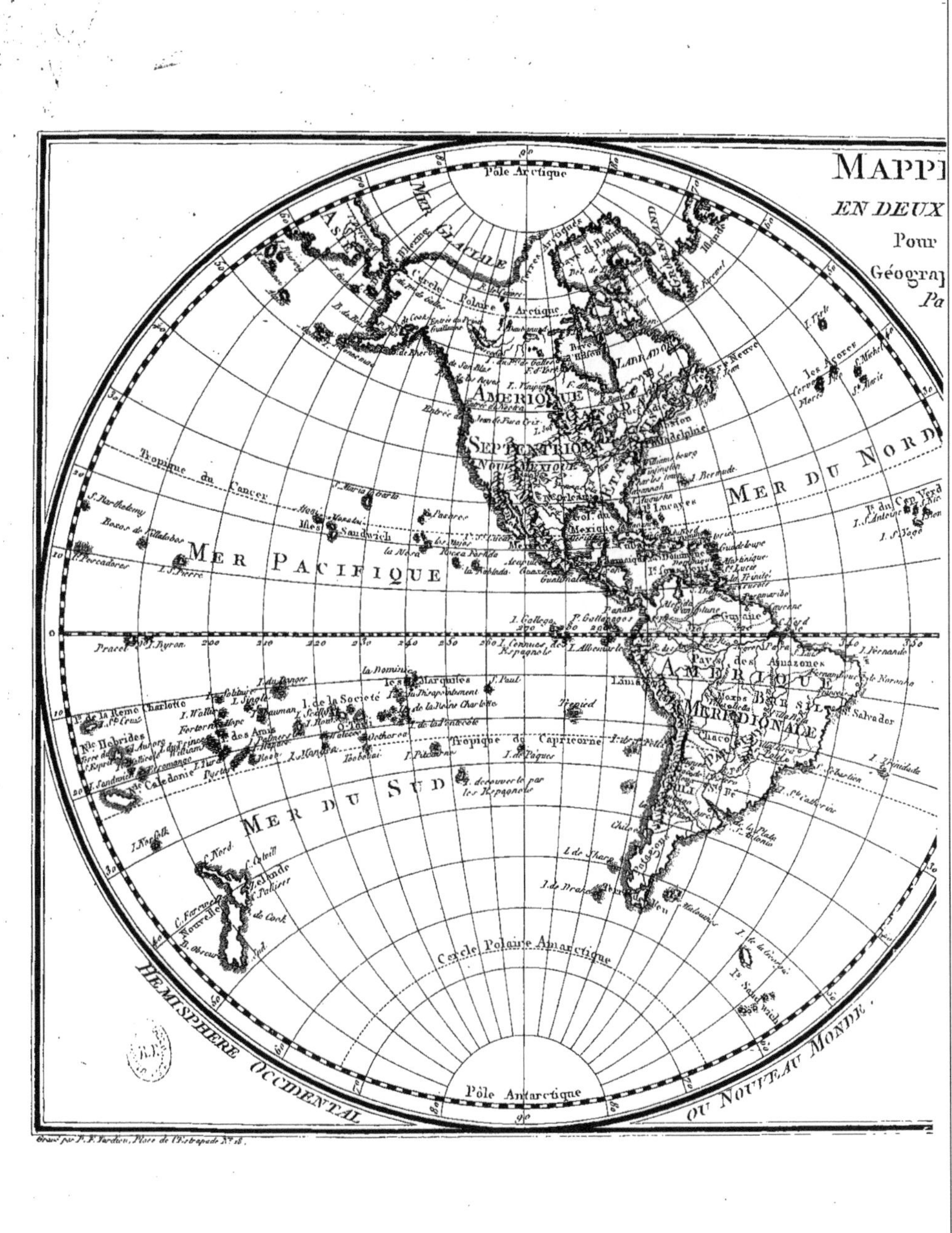

Gravé par P. F. Tardieu, Place de l'Estrapade N° 18.

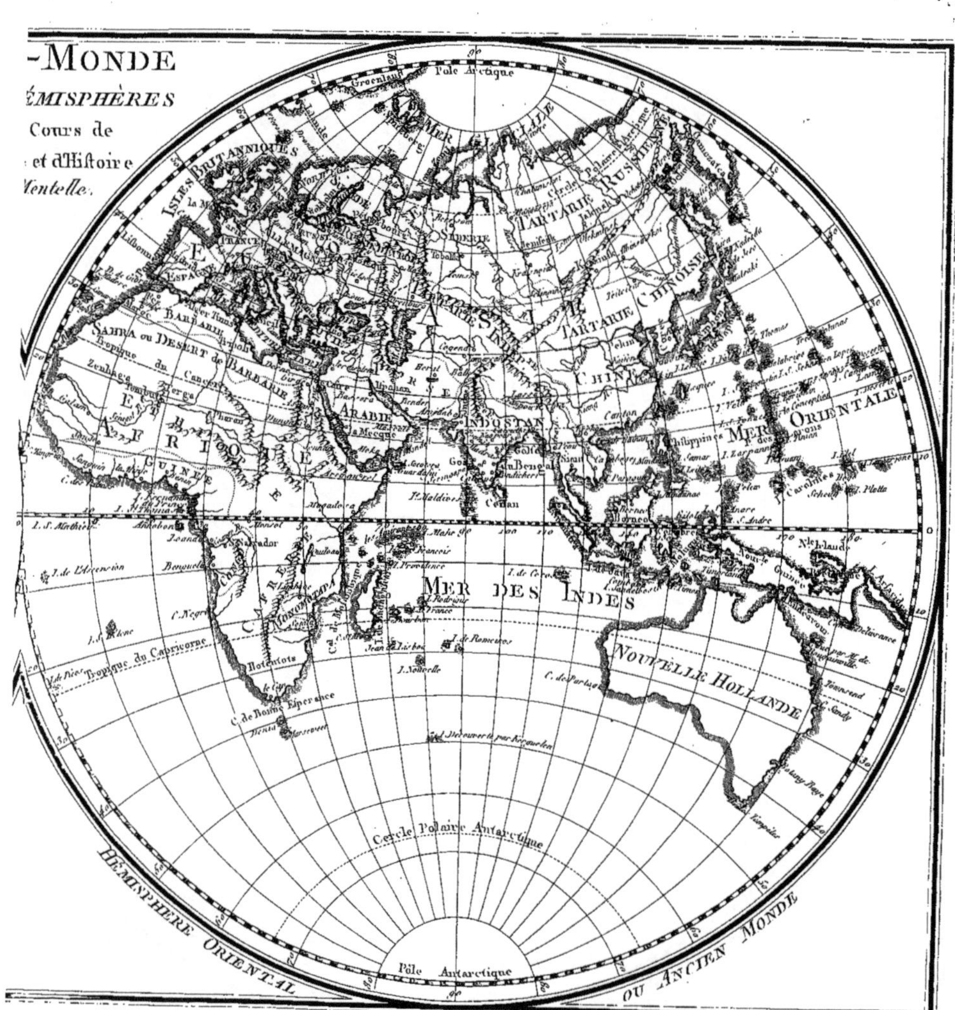

-MONDE
ÉMISPHÈRES
Cours de
et d'Histoire
Mentelle.
Pole Arctique
ISLES BRITANNIQUES
TARTARIE RUSSIENNE
TARTARIE CHINOISE
SAHRA ou DESERT de BARBARIE
Tropique du Cancer
ARABIE
INDOSTAN
MER ORIENTALE
Philippines
MER DES INDES
Tropique du Capricorne
C. de Bonne Esperance
NOUVELLE HOLLANDE
Cercle Polaire Antarctique
Pôle Antarctique
HÉMISPHÈRE ORIENTAL OU ANCIEN MONDE

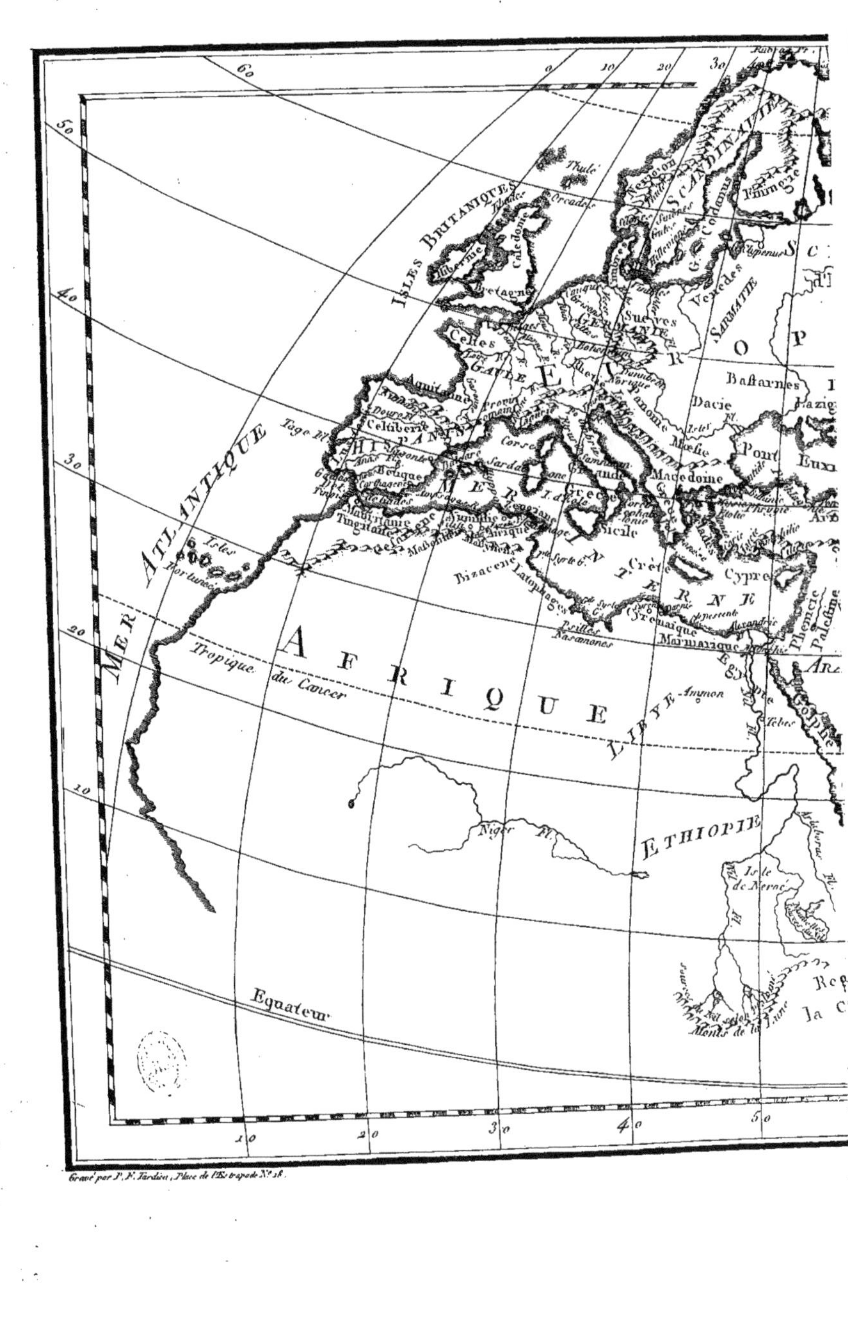

Gravé par P. F. Tardieu, Place de l'Estrapade N° 18.

II

LE
MONDE
CONNU DES ANCIENS
Pour
le Cours de Géographie et d'Histoire
par Mentelle.
Cercle Polaire Arctique
ASIE
SCYTHIE
Massagettes
Sogdiane
Iberie
Albanie
Mer Caspienne
Assyrie
MÉDIE
Susiane
Babilonie
ARIE
BACTRIANE
PERSE
CARMANIE
GEDROSIE
ARABIE
ARAB. DESERTE
AR. HEUREUSE
I. de Dioscoride
INDE
en deça du Gange
INDE
au dela du Gange
Serhend
Palibothra
Scythie au dela de l'Imaus
Scythie en deça de l'Imaus
Chersonèse d'Or
Gd. Promontoire
Thines
SINES
Terre inconnue aux Anciens
Comar Pr.
I. Taprobane
MER ERYTHRÉE
Mont Emodi
70
80
90
100
110
120
50
40
30
20
10
60
70
80
90
100
110

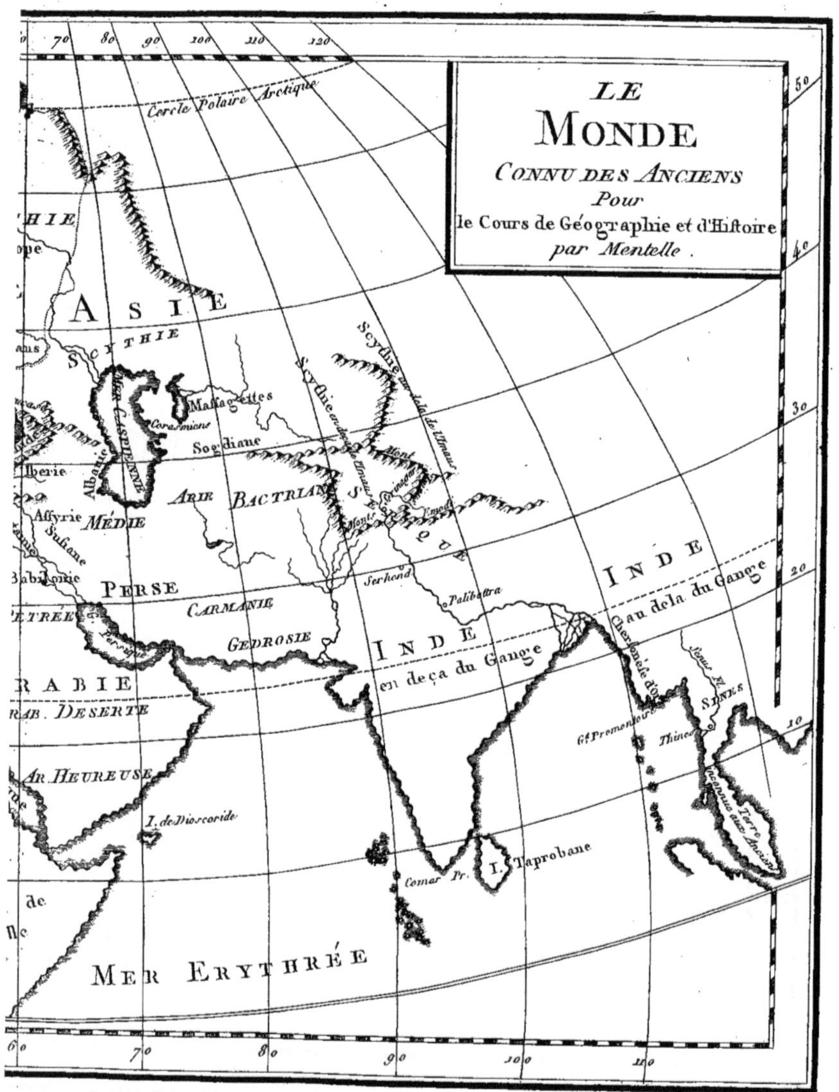

Pl. III.

Longitude d
CARTE
DES PAYS
Qui ont été Compris
dans L'EMPIRE
D'ASSYRIE
EUROPE
PONT EUXIN
GRECE
MER MEDITERRANÉE
I. de Crête
Rhodes
I. de Chypre
Paphos
Alexandrie
MARMARIQUE
LIBYE
Memphis
HEPTANOMIE
EGYPTE
Thèbes
Coptos
Bérénice
ARABIE PETRÉE
ARABIE
MER ERYTHRÉE ou Mer Rouge
PHOENICIE
PALMYRENE
Palmyre
Damas
Tripoli
Biblus
Joppé
Jérusalem
MESOPOTAMIE
ASSYRIE
ARMENIE
Babylone
Ninive
Euphrate Fl.
Sinope
Trebizonde
L. Asphaltide
Eziongaber
Elana
Pelus
Grav. par P.F. Tardieu, Place de l'Estrapade N.° 18.
Longitude

ridien de l'Isle de Fer.

Milles Romain de 75 au Degré.
Milles de Judée de 100 au De.
Parasange de Perse de 37 au Dégré.
Stades Olympiques de 600 au Dégré.
Lieues communes de France de 25 au Dég.

SCYTHIE
MER CASPIENNE
Oxus Fl.
SOGDIANE
Bactra
BACTRIANE
Antioche
MARGIANE
Parthie
HYRCANIE
ARIE
Arie ou Artacoana
MEDIE
Ecbatane
SUSIANE
Suse
Aspadana
PERSE
Persepolis
Carmane
CARMANIE
GEDROSIE
Pura
Harmozia
Indus Fl.
GOLFE PERSIQUE
DESERTE
MER DES INDES

Méridien de Paris

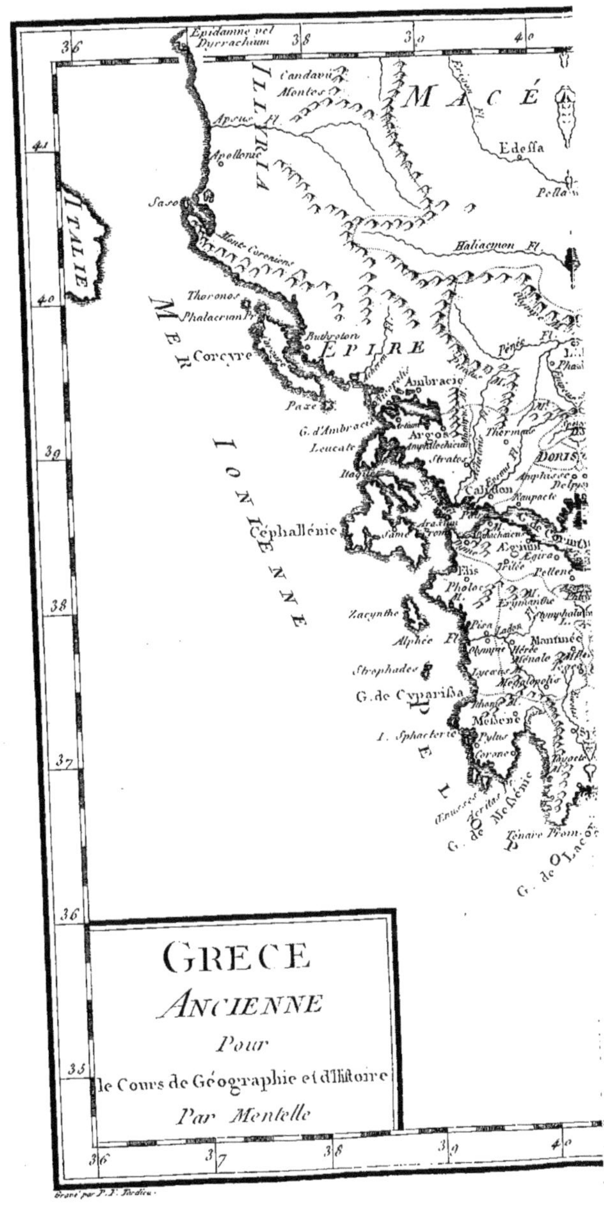
GRECE
ANCIENNE
Pour
le Cours de Géographie et d'Histoire
Par Mentelle
Epidamne vel Dyrrachium
ILLYRIA
Candavii Montes
MACÉ
Edessa
Pella
Apsus Fl.
Apollonie
Saso
ITALIE
Haliacmon Fl.
Thoronos
Phalacrian Pr.
MER
IONIENNE
Buthroton
EPIRE
Corcyre
Ambracie
Paxe
G. d'Ambracie
Argos Amphilochicum
Leucate
Stratos
Thermus
DORIS
Calydon
Naupacte
Delphes
Amphisse
Itaque
Céphallénie
Samé
Ægium
Ægira
Pellene
Elis
Pholoe M.
Erymanthe
Zacynthe
Alphée Fl.
Pisa
Olympie
Mantinée
Strophades
Lycæus
Megalopolis
G. de Cyparissa
Messène
Pylus
Corone
I. Sphacterie
Œnusses
G. de Messénie
Ténare Prom.
G. de Laconie
Gravé par P. F. Tardieu

THRACE
ASIE MINEURE
MER EGÉE
Thasos
Samothrace
Lemnos
Ténédos
Lesbos
Chio
Eubée
Scyros
Andros
Ténos
Icaros
Samos
MER ICARIENNE
Naxos
Paros
Delos
Patmos
Leros
Cos
Amorgos
Anaphe
Thera
Melos
Phologandros
Ascania
MER DE MYRTOS
Thèbes
Athènes
Cythere
CRETE
Mt Ida
Gortyne
Platée
Carpathos
Casos
Gaudos
Chersa
Dia
42
41
40
39
38
37
36
35

ITALIA ANTIQUA
Pour le Cours de Géographie et d'Histoire par Mentelle
Lieuës Françoises
LIBURNIA
DALMATIA
HADRIATICUM MARE
Carnia
Aquileia
Liguria
CORSICA
Aleria
Picenum
Umbria
Mediolanum
Brixia
Cremona
Mantua
Vicentia
Verona
Patavium
Hadria
Placentia
Parma
Mutina
Bonomia
Ravenna
Rubico Fl.
Ariminum
Pisaurum
Ancona
Firmum
Asculum
Dertona
Genua
Luna
Pisa
Luca
Florentia
Arretium
Cortona
Volaterræ
Clusium
Perusia
Spoletium
Vetulonia
Ilva
Cosa
Tarquinii
Veii
Roma
Tibur
Scardona
Pharus
Nigra
Diomedeæ
Pola
Padus Fl.
Medoacus Fl.
Athesis Fl.
Vercellæ
Ticinum
Bergomum
Sena
Anxanum

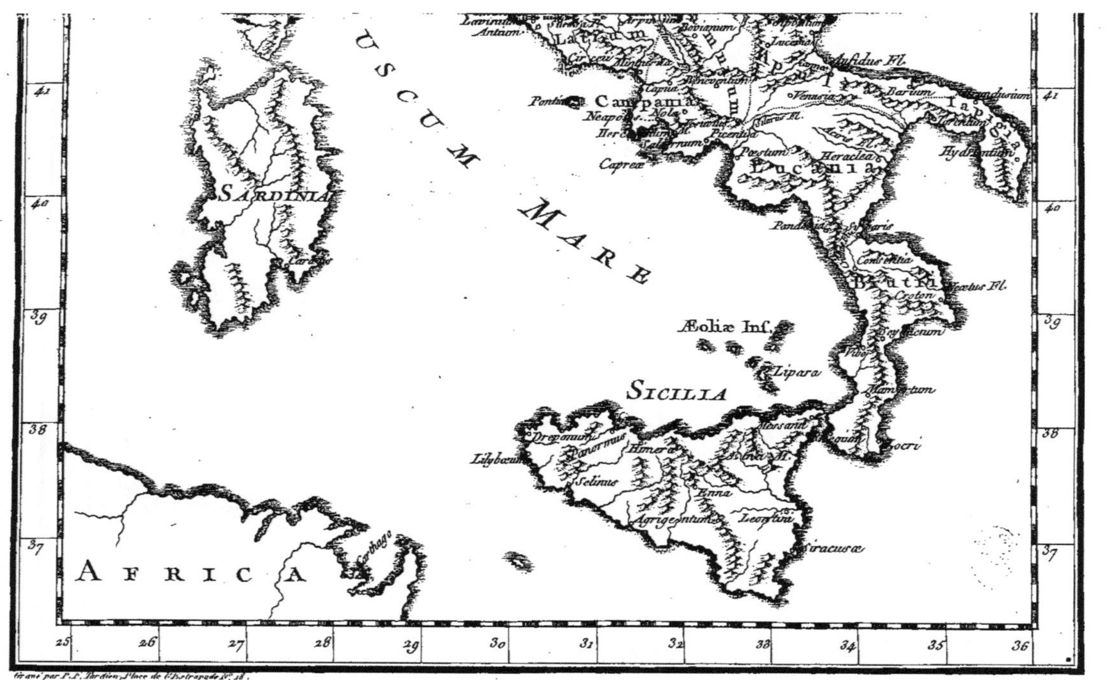

USCUM MARE
Sardinia
Campania
Lucania
Latium
Iapigia
Brutii
Æoliæ Inf.
Lipara
Sicilia
Africa
Antium
Pontia
Capreæ
Capua
Nola
Paestum
Heraclea
Venusia
Barium
Aufidus Fl.
Hydruntum
Croton
Lilybæum
Drepanum
Panormus
Himera
Selinus
Enna
Agrigentum
Leontini
Siracusæ
Locri
Carthago
Gravé par P. F. Tardieu, Place de l'Estrapade N°. 18.

Pl. VI.

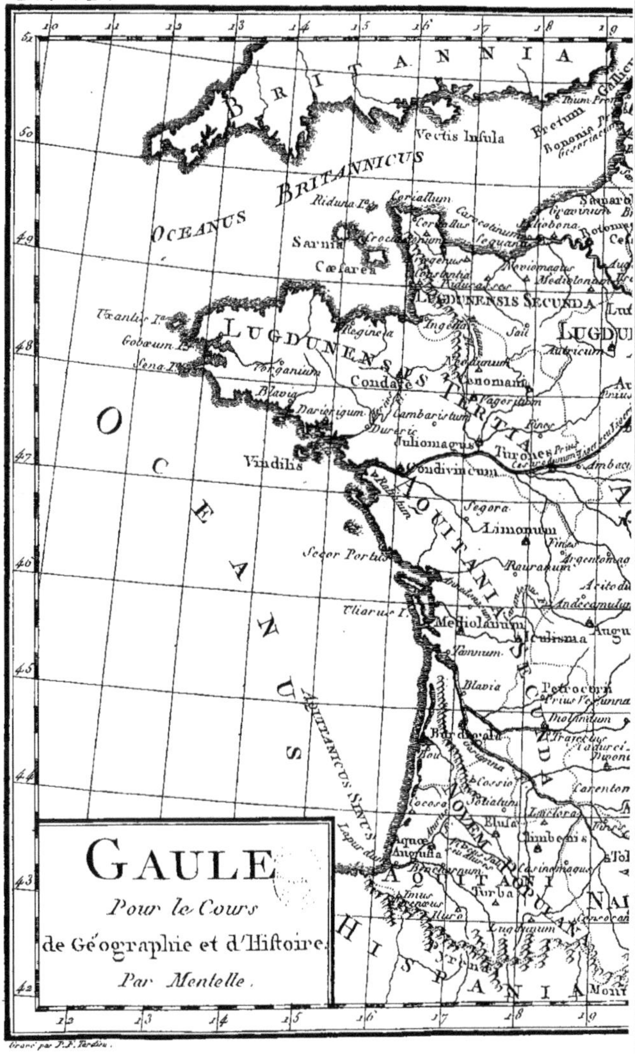

GAULE

Pour le Cours

de Géographie et d'Histoire.

Par Mentelle.

Gravé par P.F. Tardieu.

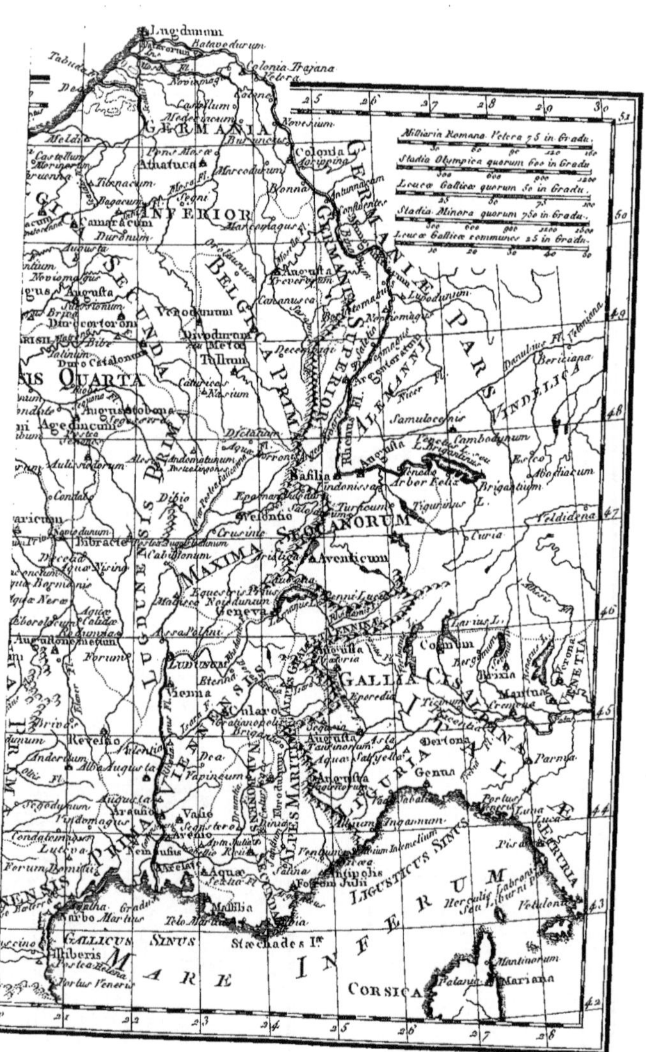

Lugdunum
Batavodurum
Colonia Trajana
GERMANIA
INFERIOR
Colonia Agrippina
GERMANIA SUPERIOR
GERMANIÆ PARS
BELGICA PRIMA
SECUNDA
ALEMANNI
VINDELICIA
MAXIMA SEQUANORUM
Aventicum
Geneva
GALLIA CISALPINA
LIGURIA
ITALIÆ
ETRURIA
Massilia
GALLICUS SINUS
LIGUSTICUS SINUS
MARE INFERUM
CORSICA
Militaria Romana Vetera 75 in Gradu.
Stadia Olympica quorum 600 in Gradu
Leucæ Gallicæ quorum 50 in Gradu.
Stadia Minora quorum 750 in Gradu.
Leucæ Gallicæ communes 25 in Gradu.

Longitude du Me

Longitude d'

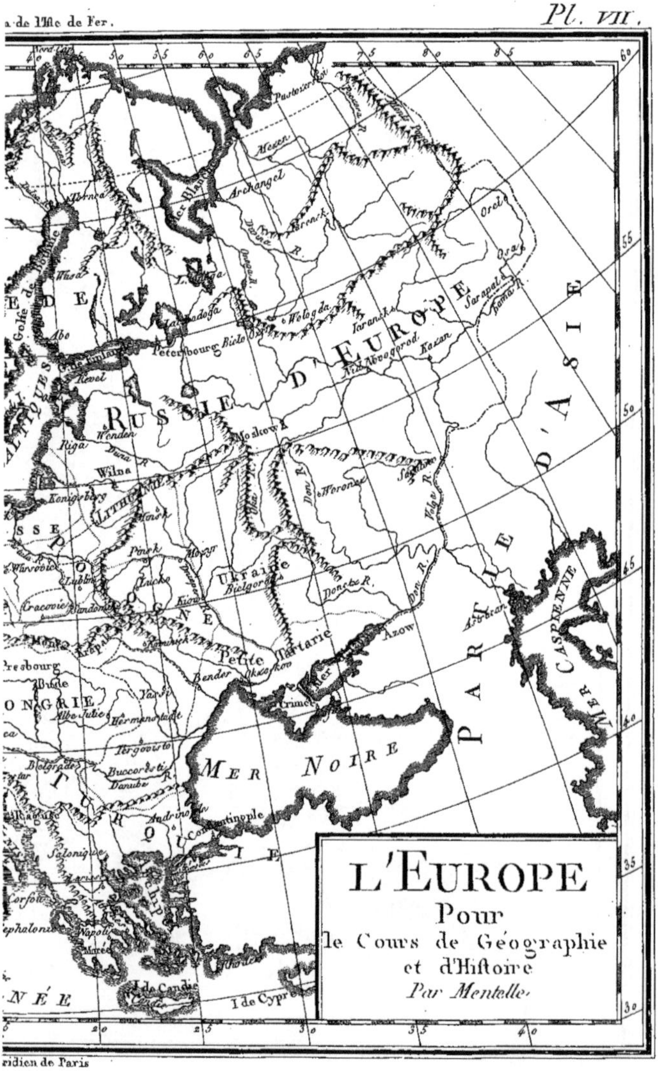

a de l'Isle de Fer.

L'EUROPE

Pour
le Cours de Géographie
et d'Histoire
Par Mentelle.

ridien de Paris

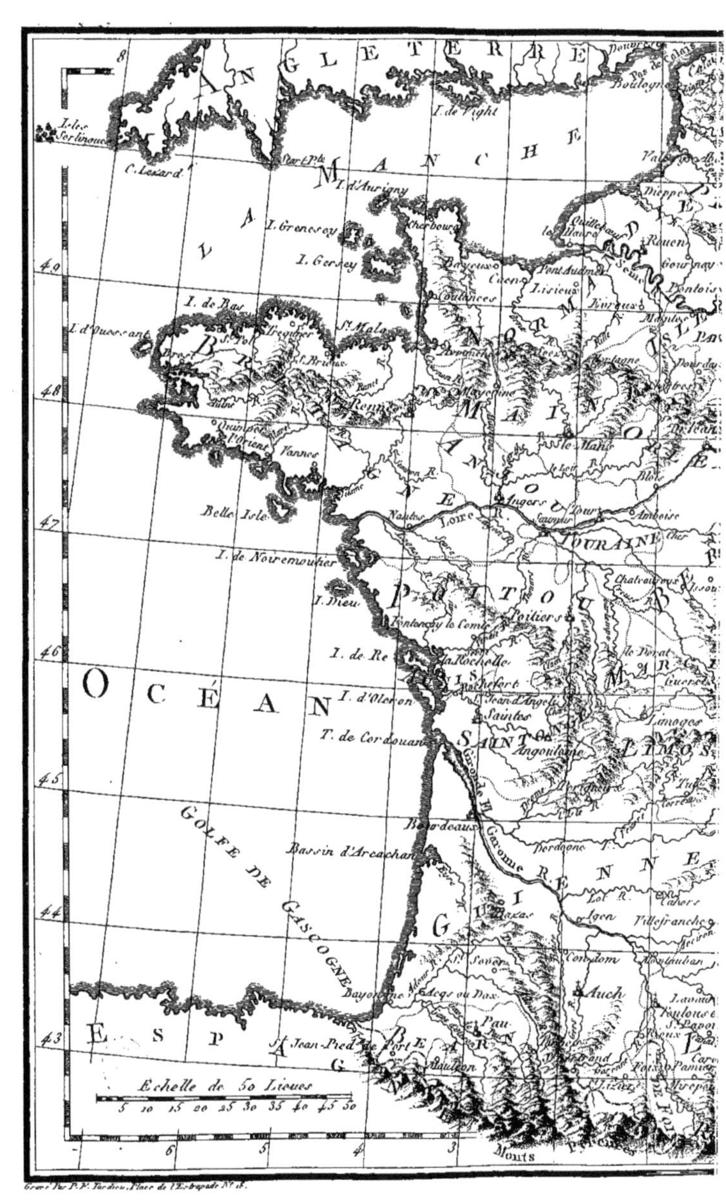

Gravé Par P. F. Tardieu, Place de l'Estrapade N° 18.

Pl. VIII.
FRANCE
PHYSIQUE,
Anciennes Divisions,
Pour le Cours
de Géographie et d'Histoire
Par Mentelle.
MER MEDITERRANÉE
I. DE CORSE

Longitude du Me

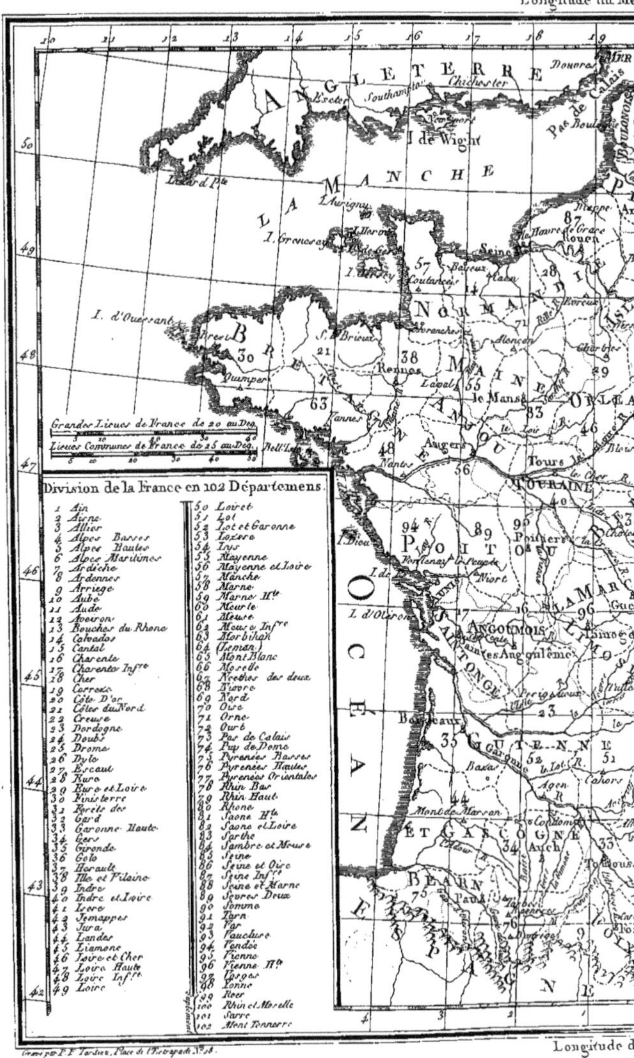

Gravé par P. F. Tardieu, Place de l'Estrapade N° 18.

Longitude du

...n. de l'Isle de Fer. Pl. IX.

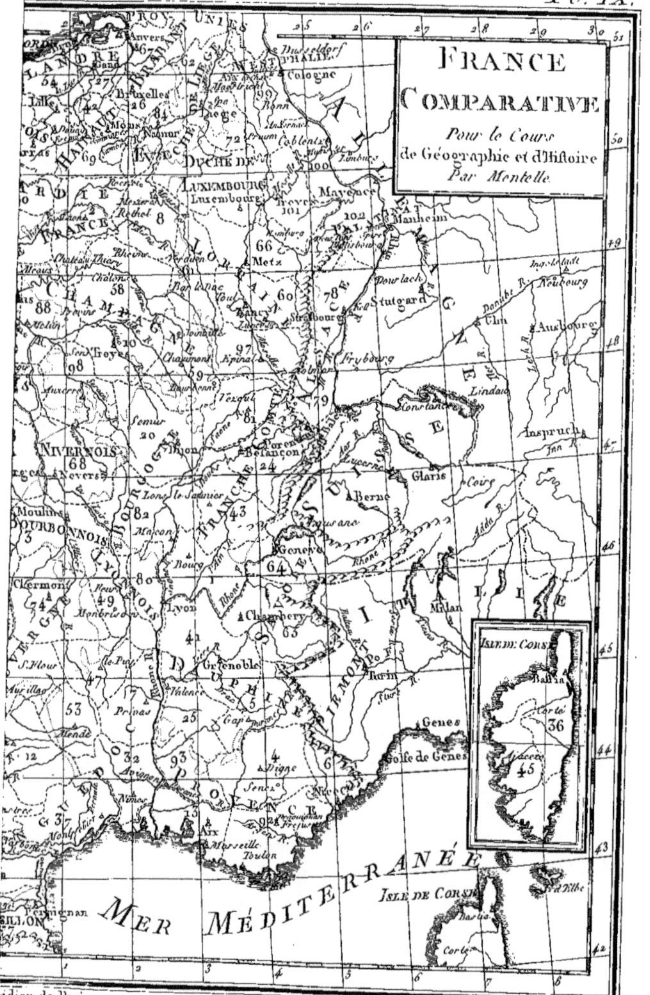

...idien de Paris.

Pl. x.

Longitude du Meridien de l'Isle de Fer.

ISLES BRITANNIQUES

Pour le Cours de Géographie et d'Histoire

Par Mentelle.

Is. Schetland

Is. Orcades

Mer d'Ecosse

Isles Westernes

Mer d'Allemagne

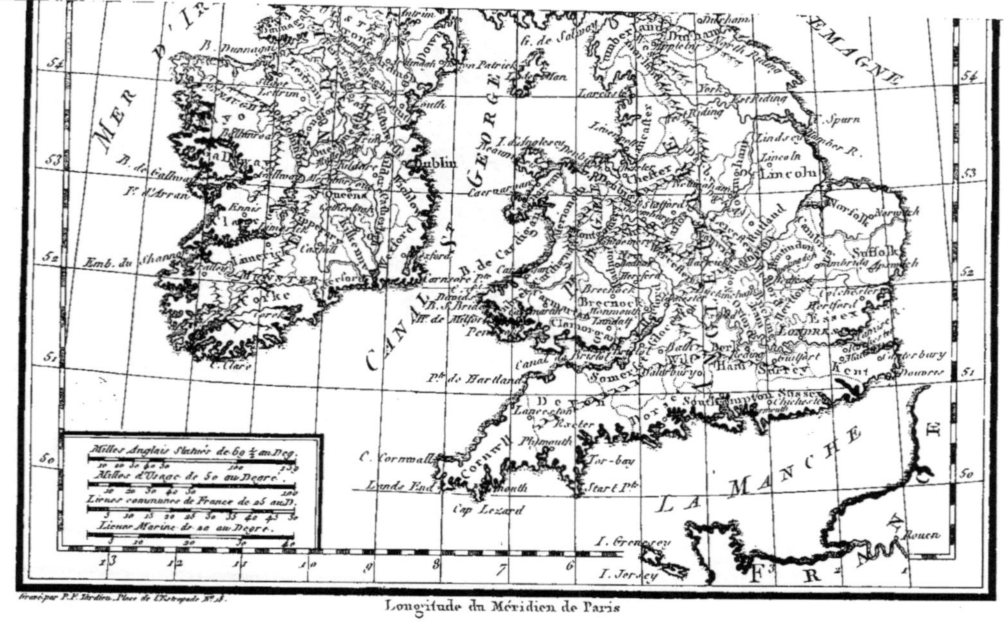

MER D'IR
CANAL ST GEORGE
LA MANCHE
FRANCE
Dublin
Lincoln
Londres
Norfolk
Suffolk
Essex
Kent
Surrey
Sussex
Devon
Cornwall
Cap Lezard
Lands End
C. Cornwall
Pte de Hartland
Canal de Bristol
Tor-bay
Start Pte
Plymouth
Exeter
Launceston
I. Grenesey
I. Jersey
Rouen
Douvres
C. Clare
Emb. du Shannon
Pte d'Arran
B. de Gallway
B. Dunnagal
G. de Solway
Corke
Munster
Brecnock
Monmouth
Glamorgan
Landaff
B. de Cardigan
Caernarvan
Spurn
Humber R.
York
Durham
North Riding
East Riding
West Riding
Lancaster
Norwich
Ipswich
Colchester
Hertford
Bedford
Stafford
Chester
Milles Anglais Statués de 69 ½ au Deg.
Milles d'Usage de 50 au Degré.
Lieues communes de France de 25 au D.
Lieues Marine de 20 au Degré.
Gravé par P.F. Tardieu, Place de l'Estrapade No. 18.
Longitude du Méridien de Paris

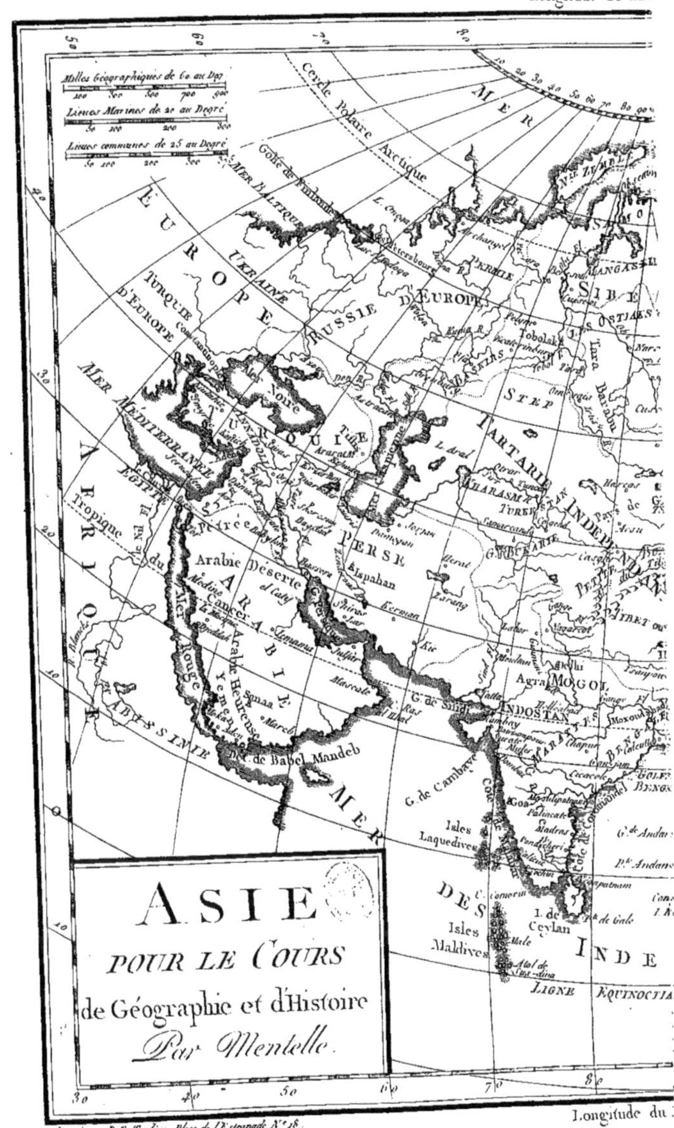

Longitude du M
Milles Géographiques de 60 au Degré
Lieues Marines de 20 au Degré
Lieues communes de 25 au Degré
Cercle Polaire Arctique
MER
Golfe de Finlande
MER BALTIQUE
EUROPE
UKRAINE
TURQUIE D'EUROPE
RUSSIE D'EUROPE
MER MÉDITERRANÉE
Mer Noire
TURQUIE
EGYPTE
AFRIQUE
Tropique du Cancer
Arabie Deserte
ARABIE
Arabie Heureuse
Mer Rouge
ABISSINIE
Dt. de Babel Mandeb
PERSE
Ispahan
TARTARIE INDEPENDANTE
STEP
Tobolsk
SIBERIE
MOGOL
INDOSTAN
G. de Cambaye
G. de Sindi
Isles Laquedives
I. de Ceylan
Isles Maldives
MER DES INDES
LIGNE EQUINOCTIALE
ASIE
POUR LE COURS
de Géographie et d'Histoire
Par Mentelle.
Longitude du
Gravé par P.F. Tardieu, Place de l'Estrapade N° 18.

n de l'Isle de Fer. Pl. XI.

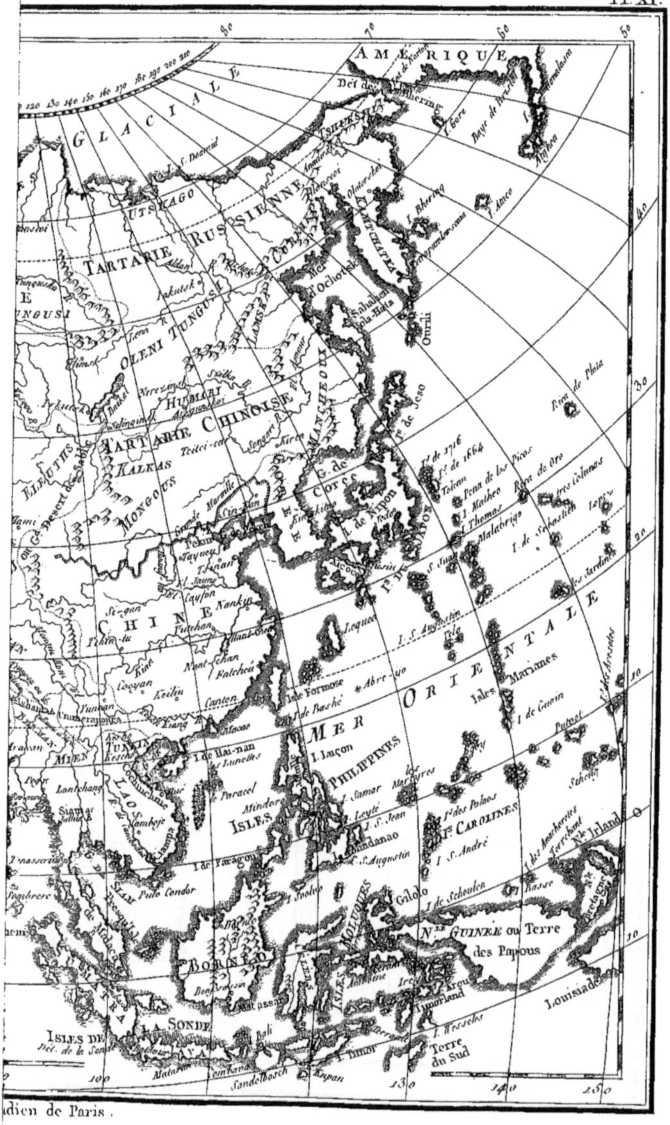

dien de Paris.

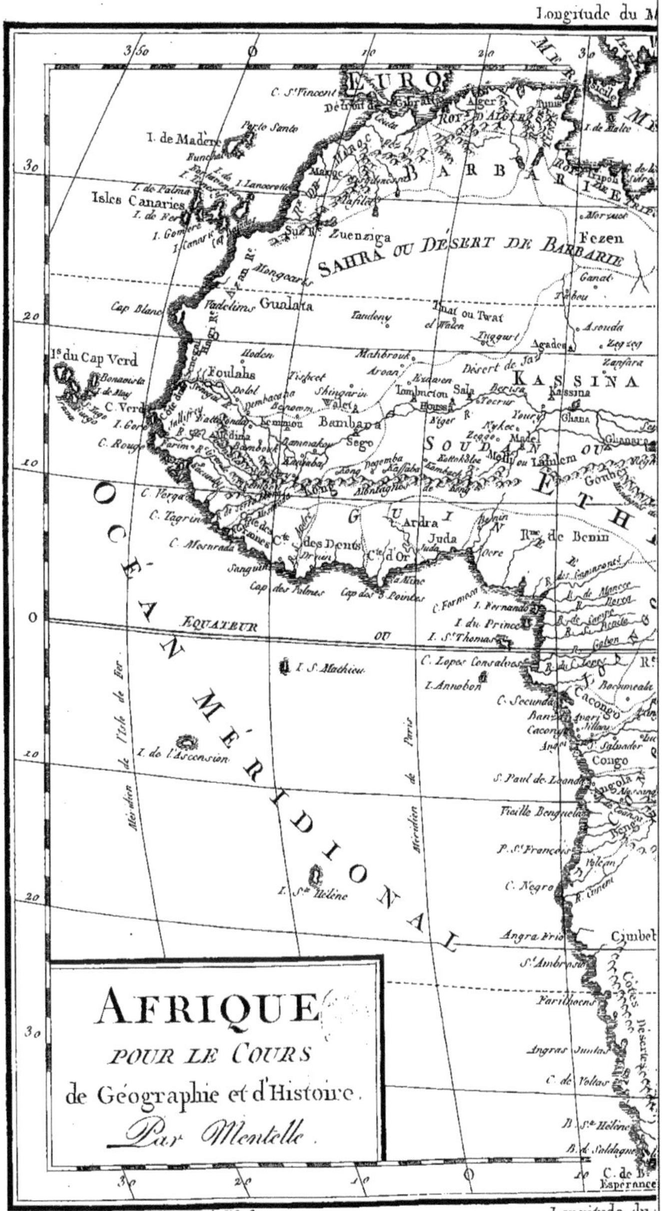

Longitude du M

AFRIQUE
POUR LE COURS
de Géographie et d'Histoire.

Par Mentelle.

Gravé par Tardieu, Place de l'Estrapade N.° 18.

Longitude du

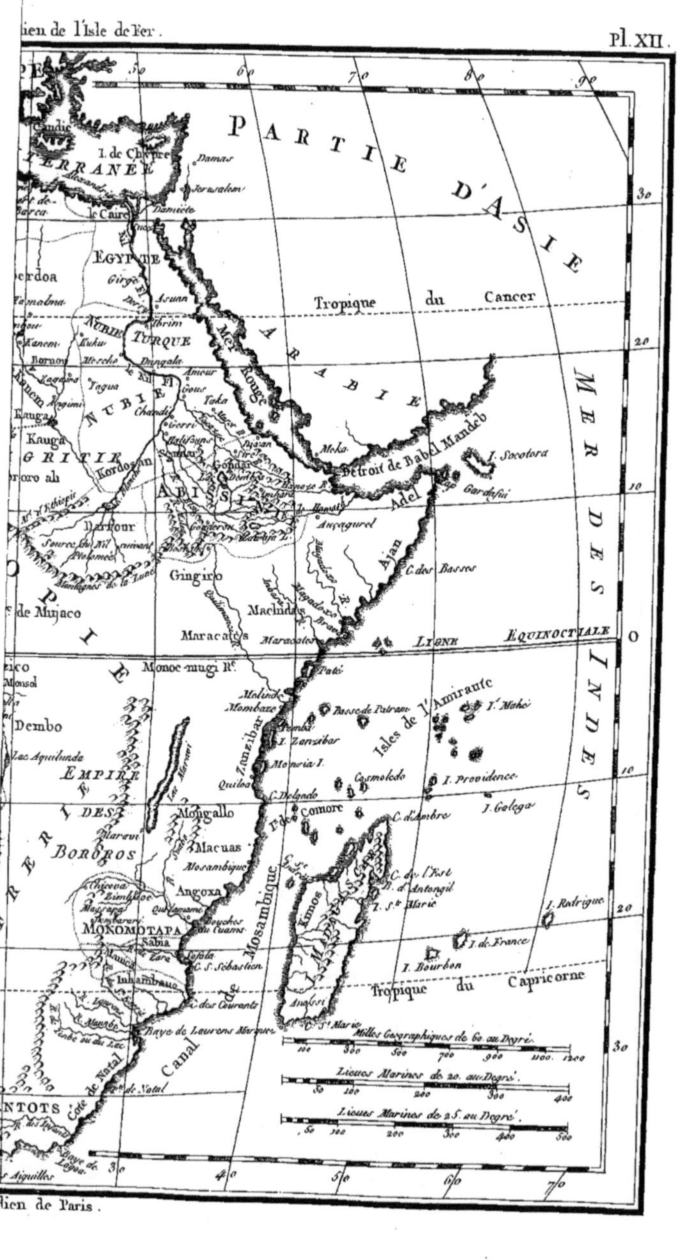

ien de l'Isle de Fer.
Pl. XII.
PARTIE D'ASIE
MER DES INDES
Tropique du Cancer
Tropique du Capricorne
LIGNE EQUINOCTIALE
ARABIE
Mer Rouge
I. de Chypre
Damas
Jerusalem
le Caire
Damiette
EGYPTE
NUBIE TURQUE
NUBIE
ABISSINIE
Moka
Détroit de Babel Mandeb
I. Socotora
Gardafui
Adel
Ajan
C. des Basses
Aucagurel
Gingiro
Machidas
Maracates
Monoe-mugi Re.
Melinde
Mombaze
Pate
Isles de l'Amirante
I. Mahé
I. Zanzibar
Zanzibar
Quiloa
C. Delgado
Cosmoledo
I. Providence
I. Galega
Isles Comore
C. d'Ambre
C. de l'Est
B. d'Antongil
I. Ste Marie
I. Rodrigue
I. de France
I. Bourbon
Mongallo
Macuas
Mosambique
Angoxa
Canal de Mosambique
MONOMOTAPA
Sabia
Sofala
C. S. Sébastien
Inhambane
C. des Courants
Baye de Laurens Marquez
Côte de Natal
Re. de Natal
Baye de Lagoa
Aiguilles
Kimos
Anolosi
C. Ste Marie
EMPIRE DES BOROROS
Lac Marawi
Dembo
Lac Aquilunda
de Mujaco
Darfour
Kordosan
Montagnes de la Lune
Milles Geographiques de 60. au Degré.
Lieues Marines de 20. au Degré.
Lieues Marines de 25. au Degré.
idien de Paris.

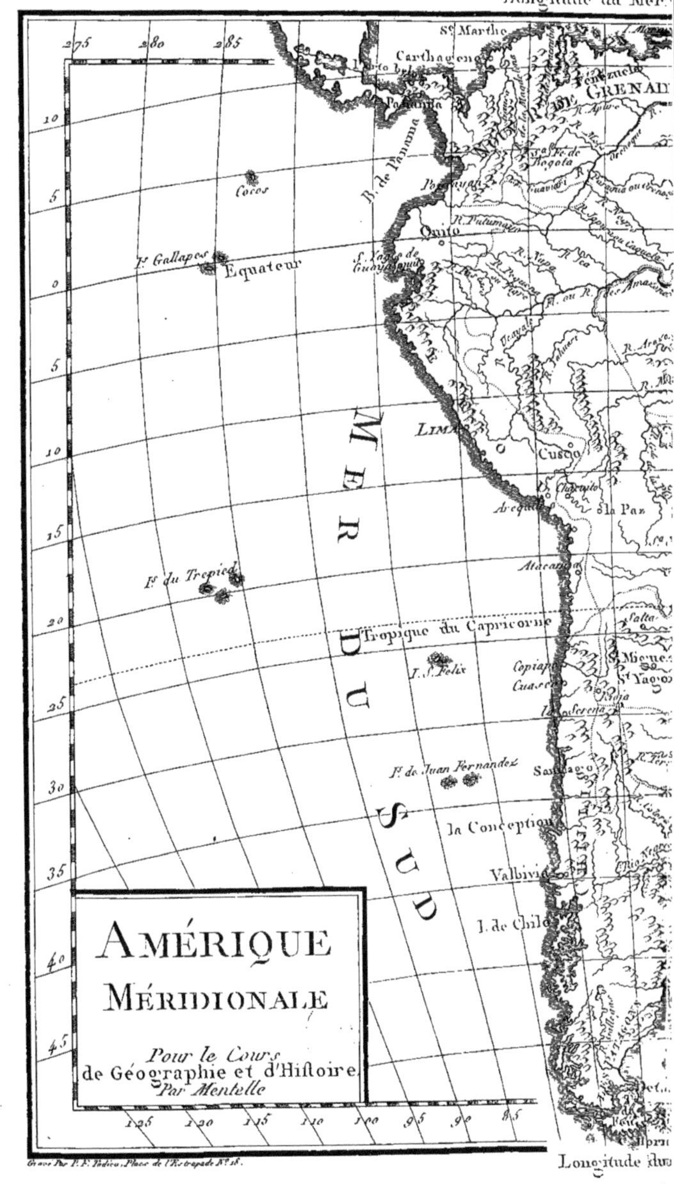

Longitude du Mér
AMÉRIQUE
MÉRIDIONALE
Pour le Cours
de Géographie et d'Histoire
Par Mentelle
MER DU SUD
Tropique du Capricorne
Equateur
Cocos
Is Gallapes
Is du Trepied
I. S. Felix
Is de Juan Fernandez
Carthagene
Panama
B. de Panama
Quito
Lima
Cusco
la Paz
Arequipa
Atacama
Copiapo
la Serena
Santiago
la Conception
Valbivia
I. de Chilé
Longitude du
Gravé Par P. F. Tardieu, Place de l'Estrapade No. 18.

n de l'Isle de Fer

Pl. XIII.

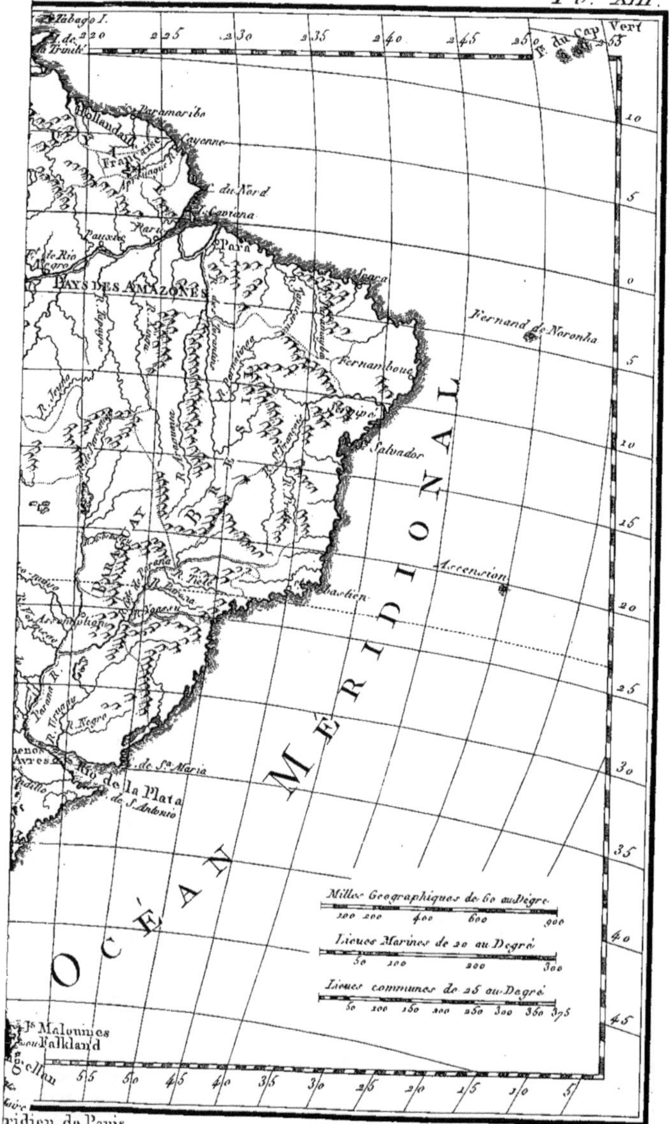

Tabago I.
I. de la Trinité
Is. du Cap Vert
Paramaribo
Hollandais
Cayenne
Français
Approuague R.
C. du Nord
I. Caviana
Pauxis
Para
Fort de Rio Negro
PAYS DES AMAZONES
Seara
Fernand de Noronha
Fernambouc
Seregipé
Salvador
BRESIL
PARAGUAY
Ascension
Assomption
R. Parana
R. Uruguay
R. Negro
Buenos Ayres
Rio de la Plata
C. de Sta Maria
C. de S. Antonio
OCÉAN MÉRIDIONAL
Milles Geographiques de 60 au Degré
100 200 400 600 900
Lieues Marines de 20 au Degré
50 100 200 300
Lieues communes de 25 au Degré
50 100 150 200 250 300 350 375
Is. Malouines ou Falkland

ridien de Paris

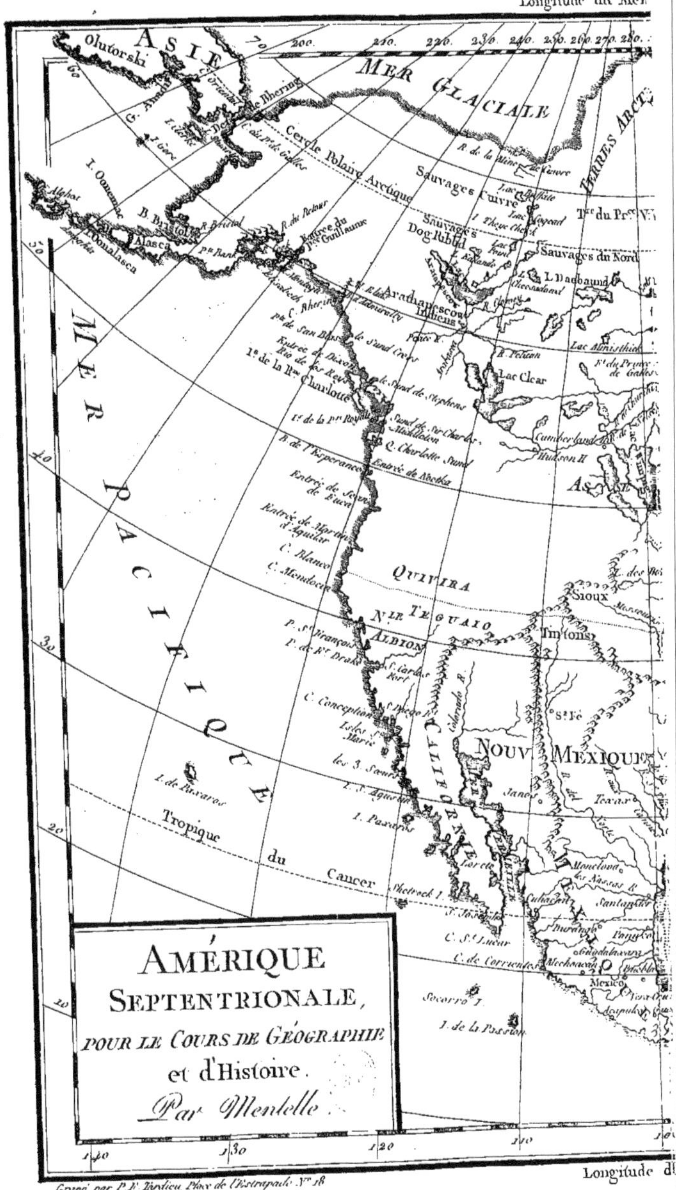

Gravé par P. F. Tardieu, Place de l'Estrapade N.º 18

n de l'Isle de Fer. Pl. XIV.

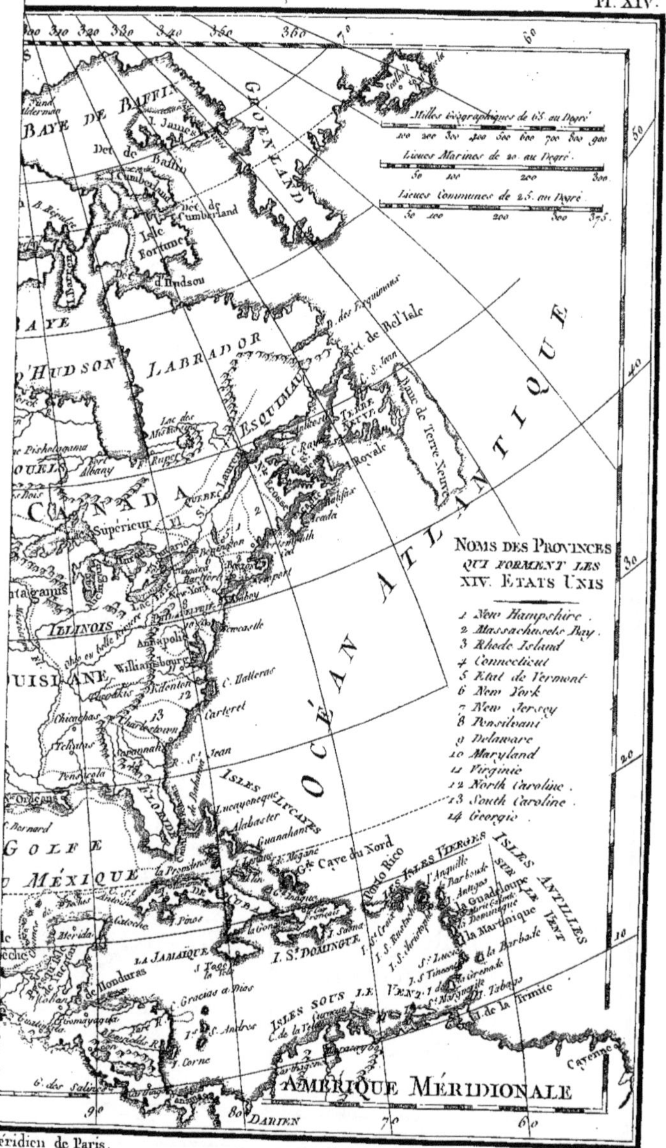

éridien de Paris.

Pl. XV.

Longitude du Méridien de l'Isle de Fer.

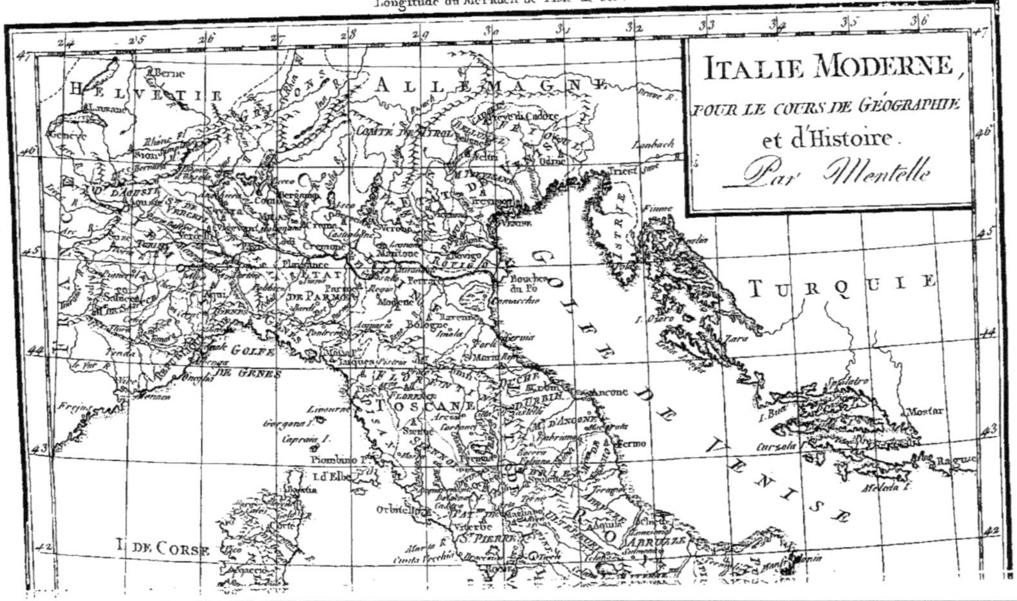

ITALIE MODERNE,

POUR LE COURS DE GÉOGRAPHIE et d'Histoire.

Par Mentelle

HELVETIE
ALLEMAGNE
TURQUIE
GOLFE DE VENISE
GOLFE DE GENES
TOSCANE
ISTRIE
I. DE CORSE

Longitude Orientale du Méridien de Paris.

www.ingramcontent.com/pod-product-compliance
Ingram Content Group UK Ltd.
Pitfield, Milton Keynes, MK11 3LW, UK
UKHW012114240726
13965UKWH00004B/1762